Batidos Proteicos Caseros Para Maximizar el Crecimiento Muscular:

Cambie su Cuerpo sin Pastillas o Suplementos de Creatina

Por

Joseph Correa

Nutricionista Deportivo Certificado

COPYRIGHT

© 2016 Correa Media Group

Todos los derechos reservados

La reproducción o traducción de cualquier parte de este trabajo, más allá de lo autorizado mediante la sección 107 o 108 de la Ley de Propiedad Intelectual de los Estados Unidos, sin el permiso del propietario de los derechos de autor, es ilegal.

Esta publicación está destinada a proporcionar información precisa y fiable en referencia a la temática cubierta. Ésta es comercializada bajo el entendimiento de que, ni el autor ni la editorial, pretenden brindar asesoría médica.

Si requiere asesoría o asistencia médica, consulte un doctor. Este libro es considerado una guía y no debe ser utilizado en ninguna manera que perjudique su salud. Consulte a un médico antes de iniciar este plan nutricional para asegurarse de que es el adecuado para usted.

AGRADECIMIENTOS

La realización y éxito de este libro no hubiese sido posible sin mi familia.

Batidos Proteicos Caseros Para Maximizar el Crecimiento Muscular:

Cambie su Cuerpo sin Pastillas o Suplementos de Creatina

Por

Joseph Correa

Nutricionista Deportivo Certificado

CONTENIDOS

Copyright

Agradecimientos

Acerca del Autor

Introducción

Batidos Proteicos Caseros Para Maximizar el Crecimiento Muscular

Otros Grandes Títulos del Autor

ACERCA DEL AUTOR

Como nutricionista deportivo certificado y atleta profesional, creo firmemente que una nutrición apropiada le ayudará a lograr sus metas más rápida y efectivamente. Mi conocimiento y experiencia me han ayudado a vivir más sanamente a través de los años, lo que he compartido con mis familiares y amigos. Mientras más conoces acerca de comer y beber sanamente, más pronto vas a querer cambiar tus hábitos de vida y alimentación.

Tener éxito en el control de su peso es importante pues esto mejorará todos los aspectos de su vida.

La nutrición es clave en el proceso de ponerse en mejor forma y de esto se trata este libro.

INTRODUCCIÓN

Batidos Proteicos Caseros Para Maximizar el Crecimiento Muscular : Cambie su Cuerpo sin Pastillas o Suplementos de Creatina.

Este libro le ayudará a incrementar la cantidad de proteínas que usted consume al día, para facilitar el aumento de masa muscular. Estas recetas le ayudarán a aumentar músculo en una manera organizada, agregando grandes porciones saludables de proteína a su dieta. El estar demasiado ocupado para alimentarse apropiadamente puede, a menudo, convertirse en un problema y es por esto que este libro le ahorrará tiempo y le ayudará a nutrir su cuerpo para lograr las metas deseadas. Asegúrese de conocer qué está comiendo preparándolo usted mismo o pidiendo a alguien que lo prepare para usted..

Este libro le ayudará a:

- Ganar músculo rápida y naturalmente.

- Mejorar la recuperación muscular.

- Tener más energía.

- Acelerar naturalmente su metabolismo para construir más músculo.

- Mejorar su sistema digestivo.

Joseph Correa es un nutricionista deportivo certificado y un atleta profesional.

BATIDOS PROTEICOS CASEROS PARA MAXIMIZAR EL CRECIMIENTO MUSCULAR

1. Batido de Avena y Almendras

Tiempo de preparación: 5 minutos
Porciones: 3

1. Ingredientes:

220ml de leche
1 cucharada de almendras (molidas) (15g)
1 cucharada de avena (15g)
1 cucharadita de sirope de maple (5g)
½ cucharadita de extracto de vainilla (2-3g)
2 cucharada de Yogur Griego (30g)
30g de whey protein

2. Preparación:

Todos ingredientes van a la licuadora y son licuados hasta que la consistencia esté suave.

3. Información Nutricional (cantidad por 100ml/ composición completa):

Contiene calcio, hierro;
Calorías: 111

Calorías provenientes de la Grasa: 29	Calorías provenientes de la Grasa: 86
Grasas Totales: 3.2g	Grasas Totales: 9.5g
Grasas Saturadas: 0.7g	Grasas Saturadas: 2.1g
Colesterol: 21mg	Colesterol: 64mg
Sodio: 58mg	Sodio: 175mg
Potasio: 182mg	Potasio: 547mg
Carbohidratos Totales: 9.3g	Carbohidratos Totales: 27.9g
Fibra Dietética: 0.8g	Fibra Dietética: 2.6g
Azúcar: 5.1g	Azúcar: 15.3g
Proteínas: 11.1g	Proteínas: 33.5g
Calorías: 333	

2. Batido de Menta y Avena

Tiempo de preparación: 5 minutos
Porciones: 5

1. Ingredientes:

70g de avena
30g de hojuelas de salvado
300ml de leche
50g de cuajada
½ cucharadita de extracto de menta (3g)
30g de helado (vainilla/chocolate)
50g de whey protein (chocolate)

2. Preparación:

Mezcle todos los ingredientes en una licuadora hasta que la mezcla esté suave.

3. Información Nutricional (cantidad por 100ml/ composición completa):

Contiene Vitamina A, calcio, hierro.

Calorías: 180
    Calorías provenientes de la Grasa: 51

Grasas Totales: 5.6g
    Grasas Saturadas: 2.9g

Colesterol: 30mg

Sodio: 111mg

Potasio: 179mg

Carbohidratos Totales: 20.7g
Fibra Dietética: 2.5g
Azúcar: 6.2g

Proteínas: 12.6g
Calorías: 900

Calorías provenientes de la Grasa: 253

Grasas Totales: 28.1g

Grasas Saturadas: 14.4g

Colesterol: 151mg

Sodio: 555mg

Potasio: 869mg

Carbohidratos Totales: 104g
Fibra Dietética: 12.4g
Azúcar: 31.2g
Proteínas: 63.2g

3. Batido de Canela

Tiempo de preparación: 5 minutos
Porciones: 3

1. Ingredientes:

240ml de leche
¼ cucharada de canela (4g)
½ cucharadita de extracto de vainilla (3g)
2 cucharadas de vainilla ice-cream (30g)
2 cucharadas de avena (30g)
50g de whey protein

2. Preparación:

Mezcle todos los ingredientes en una licuadora hasta que la mezcla esté suave.

3. Información Nutricional (cantidad por 100g/ composición completa):

Contiene Vitamina A, calcio, hierro.

Calorías: 131
    Calorías provenientes de la Grasa: 30

Grasas Totales: 3.3g
    Grasas Saturadas: 1.8g

Colesterol: 42mg
Sodio: 73mg

Potasio: 158mg

Carbohidratos Totales: 10.3g
    Fibra Dietética: 1g
    Azúcar: 4.8g
Proteínas: 15.3g
Calorías: 342

Batidos Proteicos Caseros Para Maximizar el Crecimiento Muscular

Calorías provenientes de la Grasa: 89

Grasas Totales: 9.9g

Grasas Saturadas: 5.4g

Colesterol: 127mg

Sodio: 219mg

Potasio: 474mg

Carbohidratos Totales: 31g
Fibra Dietética: 3.1g
Azúcar: 14.4g
Proteínas: 45.9g

4. Batido de almendras

Tiempo de preparación: 5 minutos
Porciones: 5

1. Ingredientes:

220ml de leche de almendras
120g de avena
50g de whey protein
80g de pasas
20g de almendras (molidas)
1 cucharada de mantequilla de maní (15g)

2. Preparación:

Mezcle todos los ingredientes en una licuadora hasta que la mezcla esté suave.

3. Información Nutricional (cantidad por 100g/ composición completa):

Contiene : Vitamina C, hierro, calcio.
Calorías: 241
    Calorías provenientes de la Grasa: 61

Grasas Totales: 6.7g
    Grasas Saturadas: 1.6g

Colesterol: 24mg
Sodio: 57mg

Potasio: 339mg
Carbohidratos Totales: 33.8g
Fibra Dietética: 3.7g
Azúcar: 12.5g
Proteínas: 13.9g
Calorías: 1207

Calorías provenientes de la Grasa: 304

Grasas Totales: 33.7g

Grasas Saturadas: 8g

Colesterol: 122mg

Sodio: 283mg

Potasio: 1693mg

Carbohidratos Totales: 169g

Fibra Dietética: 18.5g

Azúcar: 62.3g

Proteínas: 69.4g

5. Batido de Banana y Almendras

Tiempo de preparación: 5 minutos
Porciones: 5

1. Ingredientes:

2 bananas
230ml de leche de almendras
20g de almendras (molidas)
10g de pistachos (molidos)
40g de whey protein

2. Preparación:

Mezcle todos los ingredientes en una licuadora hasta que la mezcla esté suave.

3. Información Nutricional (cantidad por 100g/ composición completa):

Contiene Vitamina A, C, hierro, calcio.
Calorías: 241
    Calorías provenientes de la Grasa: 61

Grasas Totales: 6.7g
    Grasas Saturadas: 1.6g

Colesterol: 24mg
Sodio: 57mg

Potasio: 339mg
Carbohidratos Totales: 33.8g
Fibra Dietética: 3.7g
Azúcar: 12.5g
Proteínas: 13.9g
Calorías: 1073

Calorías provenientes de la Grasa: 659

Grasas Totales: 73.2g

Grasas Saturadas: 52.1g

Colesterol: 83mg

Sodio: 109mg

Potasio: 1934mg

Carbohidratos Totales: 78.7g
Fibra Dietética: 14.8g
Azúcar: 39.4g
Proteínas: 42.8g

6. Batido de Bayas Silvestres

Tiempo de preparación: 5 minutos
Porciones: 7

1. Ingredientes:

30g de fresas
30g de arándanos
30g de frambuesas
30g de pasas de Corinto
500ml de leche
60g de whey protein
1 cucharadita de extracto de vainilla (5g)
1 cucharadita de extracto de limón (5g)

2. Preparación:

Mezcle todos los ingredientes en una licuadora hasta que la mezcla esté suave. También puede agregar algunos cubos de hielo a la mezcla.

3. Información Nutricional (cantidad por 100g/ composición completa):

Contiene Vitamina A, C, hierro, calcio.

Calorías: 78
    Calorías provenientes de la Grasa: 19

Colesterol: 24mg
Sodio: 50mg

Potasio: 119mg

Grasas Totales: 2.1g
    Grasas Saturadas: 1.2g

Carbohidratos Totales:
6.7g
Fibra Dietética: 0.7g
Azúcar: 4.7g
Proteínas: 8.7g
Calorías: 549

Calorías provenientes de la Grasa: 131

Grasas Totales: 14.6g

Grasas Saturadas: 8.1g

Colesterol: 167mg

Sodio: 351mg

Potasio: 832mg

Carbohidratos Totales: 46.9g
Fibra Dietética: 4.6g
Azúcar: 33g
Proteínas: 61g

7. Batido de Fresa

Tiempo de preparación: 5 minutos
Porciones: 5

1. Ingredientes:

30g de fresas
100g de yogur Griego
200ml de leche
40g de whey protein
2 huevos
20g de endulzante (miel/ azúcar morena)
Cubos de hielo
1 cucharadita de extracto de vainilla (5g)

2. Preparación:

Mezcle todos los ingredientes en una licuadora hasta que la mezcla esté suave.

El Yogur Griego puede tener diferentes aromas, como vainilla o Fresa, o puede ser natural. Este batido funciona con todos los sabores.

3. Información Nutricional (cantidad por 100g/ composición completa):

Contiene Vitamina A, C, hierro, calcio.
Calorías: 96   Calorías provenientes de la Grasa: 32

Grasas Totales: 3.5g
   Grasas Saturadas: 1.6g

Colesterol: 87mg
Sodio: 65mg

Potasio: 131mg

Carbohidratos Totales: 9.2g
   Fibra Dietética: 2.5g
   Azúcar: 3.4g
Proteínas: 11.3g

Calorías: 508

Calorías provenientes de la Grasa: 157

Grasas Totales: 17.4g

Grasas Saturadas: 8g

Colesterol: 433mg

Sodio: 326mg

Potasio: 656mg

Carbohidratos Totales: 45.9g
   Fibra Dietética: 12.4g
   Azúcar: 17.2g
Proteínas: 56.6g

8. Batido de Fresa y Vainilla

Tiempo de preparación: 5 minutos
Porciones: 7

1. Ingredientes:

100g de fresas
1 banana
1 cucharadita de extracto de vainilla (5g)
1 cucharada de extracto de fresas (15g)
50g de avena
200ml de leche
5 huevos
Cubos de hielo

2. Preparación:

Mezcle todos los ingredientes en una licuadora hasta que la mezcla esté suave.

3. Información Nutricional (cantidad por 100g/ composición completa):

Contiene Vitamina A, C, hierro, calcio.

Calorías: 112
Calorías provenientes de la Grasa: 39

Colesterol: 119mg
Sodio: 59mg

Potasio: 170mg

Grasas Totales: 4.3g
Grasas Saturadas: 1.4g

Carbohidratos Totales: 11.7g
Fibra Dietética: 1.4g

Azúcar: 4.6g
Proteínas: 6.1g

Calorías: 782

Calorías provenientes de la Grasa: 271

Grasas Totales: 30.1g

Grasas Saturadas: 10.1g

Colesterol: 835mg

Sodio: 421mg

Potasio: 1189mg

Carbohidratos Totales: 82g
 Fibra Dietética: 10.1g
 Azúcar: 32.5g
Proteínas: 43g

9. Batido de Fresa y Frutos secos

Tiempo de preparación: 5 minutos
Porciones: 4

1. Ingredientes:

50g de fresas
50g de frutos secos mixtos (picados)
200ml de leche
100g de yogur Griego
2 cucharadas de avena (30g)

2. Preparación:

Mezcle todos los ingredientes en una licuadora hasta que la mezcla esté suave.

3. Información Nutricional (cantidad por 100g/ composición completa):

Contiene Vitamina A, C, hierro, calcio.

Calorías: 140
Calorías provenientes de la Grasa: 81

Grasas Totales: 9g
　Grasas Saturadas: 1.4g

Colesterol: 1mg
Sodio: 80mg

Potasio: 125mg

Carbohidratos Totales: 9.2g
Fibra Dietética: 1.4g
Azúcar: 4.3g
Proteínas: 6.9g
Calorías: 417

Calorías provenientes de la Grasa: 324

Grasas Totales: 36g

Grasas Saturadas: 5.4g

Colesterol: 5mg

Sodio: 321mg

Potasio: 499mg

Carbohidratos Totales: 36.9g
Fibra Dietética: 5.5g
Azúcar: 17.1g
Proteínas: 27.6g

10. Batido de Frambuesa

Tiempo de preparación: 5 minutos
Porciones: 4

1. Ingredientes:

50g de whey protein
100g de frambuesas
30g de fresas
50g de crema agria
200ml de leche
1 cucharadita de extracto de lima (5g)

2. Preparación:

Mezcle todos los ingredientes en una licuadora hasta que la mezcla esté suave.

3. Información Nutricional (cantidad por 100g/ composición completa):

Contiene Vitamina A, C, B-12, hierro, calcio.

Calorías: 116
    Calorías provenientes de la Grasa: 41

Grasas Totales: 4.6g
    Grasas Saturadas: 2.6g

Colesterol: 36mg
Sodio: 54mg

Potasio: 168mg

Carbohidratos Totales: 8.1g
    Fibra Dietética: 1.8g
    Azúcar: 4.2g
Proteínas: 11.4g
Calorías: 465

Calorías provenientes de la Grasa: 166

Grasas Totales: 18.4g

Grasas Saturadas: 10.6g

Colesterol: 143mg

Sodio: 214mg

Potasio: 670mg

Carbohidratos Totales: 32.5g
Fibra Dietética: 7.1g
Azúcar: 16.8g

Proteínas: 45.5g

11. Batido de Arándanos

Tiempo de preparación: 5 minutos
Porciones: 6

1. Ingredientes:

250g de arándanos
50g de crema agria
80g de avena
100ml de leche de coco
160g de puré de calabaza
Canela, nuez moscada para espolvorear por encima

2. Preparación:

Mezcle todos los ingredientes en una licuadora hasta que la mezcla esté suave.

3. Información Nutricional (cantidad por 100g/ composición completa):

Contiene Vitamina A, C, hierro, calcio.

Calorías: 140
    Calorías provenientes de la Grasa: 62

Grasas Totales: 6.9g
    Grasas Saturadas: 4.8g

Colesterol: 4mg
Sodio: 9mg

Potasio: 192mg
Carbohidratos Totales: 18.5g
Fibra Dietética: 3.5g
Azúcar: 5.7g
Proteínas: 3g
Calorías: 641

Calorías provenientes de la Grasa: 371

Grasas Totales: 41.2g

Grasas Saturadas: 29.1g

Colesterol: 22mg

Sodio: 56mg

Potasio: 1150mg

Carbohidratos Totales: 112g

Fibra Dietética: 21g

Azúcar: 34.4g

Proteínas: 18.1g

12. Batido de Mantequilla de maní

Tiempo de preparación: 5 minutos
Porciones: 6

1. Ingredientes:

300ml de leche de almendras
50g de mantequilla de maní
50g de frutos secos mixtos
6 claras de huevo
1 cucharadita de extracto de mantequilla (5g)

2. Preparación:

Mezcle todos los ingredientes en una licuadora hasta que la mezcla esté suave.

3. Información Nutricional (cantidad por 100g/ composición completa):

Contiene Vitamina C, hierro, calcio.

Calorías: 236
    Calorías provenientes de la Grasa: 191

Grasas Totales: 21.3g
    Grasas Saturadas: 12.2g

Colesterol: 0mg
Sodio: 109mg

Potasio: 241mg

Carbohidratos Totales: 6.2g
    Fibra Dietética: 2g
    Azúcar: 3.1g
Proteínas: 8.3g
Calorías: 1415

Batidos Proteicos Caseros Para Maximizar el Crecimiento Muscular

Calorías provenientes de la Grasa: 1148

Grasas Totales: 127.6g

Grasas Saturadas: 73.1g

Colesterol: 0mg

Sodio: 656mg

Potasio: 1448mg

Carbohidratos Totales: 37.2g
Fibra Dietética: 11.9g
Azúcar: 18.5g

Proteínas: 50.2g

13. Batido de Mantequilla de Maní y Banana

Tiempo de preparación: 5 minutos
Porciones: 7

1. Ingredientes:

250ml de leche de almendras
2 bananas
30g de mantequilla de maní
5 huevos
2 cucharaditas de miel (10g)
1 cucharadita de extracto de vainilla (5g)

2. Preparación:

Mezcle todos los ingredientes en una licuadora hasta que la mezcla esté suave.

3. Información Nutricional (cantidad por 100g/composición completa):

Contiene Vitamina A, C, hierro, calcio.

Calorías: 191
    Calorías provenientes de la Grasa: 126

Grasas Totales: 14g
    Grasas Saturadas: 9.1g

Colesterol: 117mg
Sodio: 70mg

Potasio: 288mg

Carbohidratos Totales: 12.5g
Fibra Dietética: 1.9g
Azúcar: 7.7g
Proteínas: 6.2g
Calorías: 1339

Calorías provenientes de la Grasa: 884

Grasas Totales: 98.2g

Grasas Saturadas: 63.9g

Colesterol: 818mg

Sodio: 487mg

Potasio: 2015mg

Carbohidratos Totales: 87.6g
Fibra Dietética: 13.5g
Azúcar: 53.9g

Proteínas: 43.6g

14. Batido de Mantequilla de Maní y Chocolate

Tiempo de preparación: 5 minutos
Porciones: 3

1. Ingredientes:

2 cucharadas de cacao en polvo (30g)
30g de mantequilla de maní
250ml de leche de almendras
50g de whey protein

2. Preparación:

Mezcle todos los ingredientes en una licuadora hasta que la mezcla esté suave.

3. Información Nutricional (cantidad por 100g/ composición completa):

Contiene Vitamina C, hierro, calcio.

Calorías: 326
    Calorías provenientes de la Grasa: 240

Grasas Totales: 26.6g
    Grasas Saturadas: 19.7g

Colesterol: 35mg
Sodio: 89mg

Potasio: 472mg

Carbohidratos Totales: 10.6g
Fibra Dietética: 3.5g
Azúcar: 4.3g
Proteínas: 17g
Calorías: 977

    Calorías provenientes de la Grasa: 719

Grasas Totales: 79.9g

   Grasas Saturadas: 59.1g

Colesterol: 104mg

Sodio: 267mg

Potasio: 1415mg

Carbohidratos Totales: 31.8g
Fibra Dietética: 10.6g
Azúcar: 13g
Proteínas: 51g

15. Batido de Chocolate

Tiempo de preparación: 5 minutos
Porciones: 6

1. Ingredientes:

3 cucharadas de cacao en polvo (45g)
250ml de leche
120ml de puré de calabaza
1 cucharadita de extracto de vainilla (5g)
5 huevos

2. Preparación:

Mezcle todos los ingredientes en una licuadora hasta que la mezcla esté suave.

3. Información Nutricional (cantidad por 100g/ composición completa):

Contiene Vitamina A, C, hierro, calcio

Calorías: 89

Sodio: 73mg

Calorías provenientes de la Grasa: 44

Potasio: 185mg

Carbohidratos Totales: 5.6g

Grasas Totales: 4.9g

Fibra Dietética: 1.4g

Grasas Saturadas: 1.9g

Azúcar: 3g

Proteínas: 6.7g

Colesterol: 140mg

Calorías: 534

Calorías provenientes de la Grasa: 267

Grasas Totales: 29.6g

Grasas Saturadas: 11.4g

Colesterol: 840mg

Sodio: 439mg

Potasio: 1112mg

Carbohidratos Totales: 33.8g

Fibra Dietética: 8.4g

Azúcar: 18.2g

Proteínas: 40.4g

16. Chocolate y Almendras

Tiempo de preparación: 5 minutos
Porciones: 5

1. Ingredientes:

2 cucharadas de pudín de chocolate (30g)
50g de almendras (picadas)
300ml de leche
40g de whey protein
1 cucharadita de sirope de amaretto (5g)

2. Preparación:

Mezcle todos los ingredientes en una licuadora hasta que la mezcla esté suave.

3. Información Nutricional (cantidad por 100g/ composición completa):

Contiene Vitamina A, hierro, calcio.

Calorías: 131
Calorías provenientes de la Grasa: 61
Grasas Totales: 6.8g
Grasas Saturadas: 1.4g
Colesterol: 22mg
Sodio: 70mg
Potasio: 154mg
Carbohidratos Totales: 9g
Fibra Dietética: 1.3g
Azúcar: 3.5g
Proteínas: 9.9g
Calorías: 656

Calorías provenientes de la Grasa: 303

Grasas Totales: 33.7g

Grasas Saturadas: 6.9g

Colesterol: 109mg

Sodio: 351mg

Potasio: 770mg

Carbohidratos Totales: 45.2g
Fibra Dietética: 6.5g
Azúcar: 17.2g
Proteínas: 49.3g

17. Batido de Caramelo y Avellanas

Tiempo de preparación: 5 minutos
Porciones: 4

1. Ingredientes:

50g de avellanas (picadas)
1 cucharadita de sirope de caramelo (5g)
1 cucharadita de sirope de maple (5g)
250ml de leche de almendras
50g de whey protein

2. Preparación:

Mezcle todos los ingredientes en una licuadora hasta que la mezcla esté suave.

3. Información Nutricional (cantidad por 100g/ composición completa):

Contiene Vitamina C, hierro, calcio.
Calorías: 307

Calorías provenientes de la Grasa: 211

Grasas Totales: 23.4g

Grasas Saturadas: 14.3g

Colesterol: 26mg

Sodio: 37mg

Potasio: 326mg

Carbohidratos Totales: 15.5g
Fibra Dietética: 2.6g
Azúcar: 11g

Proteínas: 12.2g
Calorías: 1228

Calorías provenientes de la Grasa: 844

Grasas Totales: 93.8g

Grasas Saturadas: 57.3g

Colesterol: 104mg

Sodio: 148mg

Potasio: 1303mg

Carbohidratos Totales: 61.8g
Fibra Dietética: 10.4g
Azúcar: 44.1g
Proteínas: 49g

18. Batido de Ciruela

Tiempo de preparación: 5 minutos
Porciones: 8

1. Ingredientes:

200g de ciruelas
50g de pasas
200ml de leche
4 huevos
100g de cuajada
70g de avena

2. Preparación:

Mezcle todos los ingredientes en una licuadora hasta que la mezcla esté suave.

3. Información Nutricional (cantidad por 100g/ composición completa):

Contiene Vitamina A, C, hierro, calcio.
Calorías: 122
Sodio: 62mg
Calorías provenientes de la Grasa: 43
Potasio: 149mg
Carbohidratos Totales: 14.7g
Grasas Totales: 4.7g
Fibra Dietética: 1.3g
Grasas Saturadas: 1.8g
Azúcar: 7.2g
Proteínas: 6.2g
Colesterol: 87mg

Calorías: 975

    Calorías provenientes de la Grasa: 340

Grasas Totales: 37.8g

    Grasas Saturadas: 14.3g

Colesterol: 699mg

Sodio: 499mg

Potasio: 1190mg

Carbohidratos Totales: 117g
    Fibra Dietética: 10.7g
    Azúcar: 57.7g

Proteínas: 49.7g

19. Batido Tropical

Tiempo de preparación: 5 minutos
Porciones: 5

1. Ingredientes:

1 banana
150g de piña
40g de mango
200ml de leche de coco
1 cucharadita de miel (5g)
50g de whey protein

2. Preparación:

Mezcle todos los ingredientes en una licuadora hasta que la mezcla esté suave.

3. Información Nutricional (cantidad por 100g/ composición completa):

Contiene Vitamina A, C, hierro, calcio.
Calorías: 178

Calorías provenientes de la Grasa: 94

Grasas Totales: 10.4g

Grasas Saturadas: 8.9g

Colesterol: 21mg

Sodio: 25mg

Potasio: 294mg

Carbohidratos Totales: 15.3g
Fibra Dietética: 2.1g
Azúcar: 9.9g
Proteínas: 8.5g

Calorías: 889

    Calorías provenientes de la Grasa: 468

Grasas Totales: 52g

    Grasas Saturadas: 44.6g

Colesterol: 104mg

Sodio: 124mg

Potasio: 1468mg

Carbohidratos Totales: 76.4g
    Fibra Dietética: 10.3g
    Azúcar: 49.2g

Proteínas: 42.7g

20. Batido de Melocotón

Tiempo de preparación: 5 minutos
Porciones: 8

1. Ingredientes:

6 melocotones
300ml de leche
140g de mandarinas
30g de avena
4 huevos

2. Preparación:

Mezcle todos los ingredientes en una licuadora hasta que la mezcla esté suave.

3. Información Nutricional (cantidad por 100g/ composición completa):

Contiene Vitamina A, C, hierro, calcio.
Calorías: 70

Calorías provenientes de la Grasa: 20

Grasas Totales: 2.3g

Grasas Saturadas: 0.3g

Colesterol: 57mg

Sodio: 34mg

Potasio: 137mg

Carbohidratos Totales: 9.5g
Fibra Dietética: 1g
Azúcar: 7.2g
Proteínas: 3.5g
Calorías: 839

Calorías provenientes de la Grasa: 245

Grasas Totales: 27.3g

Grasas Saturadas: 9.7g

Colesterol: 680mg

Sodio: 405mg

Potasio: 1639mg

Carbohidratos Totales: 115g
Fibra Dietética: 12.4g
Azúcar: 86.2g
Proteínas: 41.6g

21. Batido de Ciruela y Limón

Tiempo de preparación: 5 minutos
Porciones: 6

1. Ingredientes:

150g de ciruelas
2 limones (jugo)
2 cucharaditas de miel (10g)
200ml de leche
Cubos de hielo
150g de Yogur Griego
4 huevos

2. Preparación:

Mezcle todos los ingredientes en una licuadora hasta que la mezcla esté suave.

3. Información Nutricional (cantidad por 100g/ composición completa):

Contiene Vitamina A, C, hierro, calcio.

Calorías: 74	Grasas Saturadas: 1.3g
Calorías provenientes de la Grasa: 29	Colesterol: 85mg
	Sodio: 50mg
Grasas Totales: 3.2g	Potasio: 111mg

Carbohidratos Totales:
6.4g
Fibra Dietética: 0.6g
Azúcar: 5.1g
Proteínas: 5.8g
Calorías: 589

Calorías provenientes de la Grasa: 228

Grasas Totales: 25.3g

Grasas Saturadas: 10.3g

Colesterol: 679mg

Sodio: 397mg

Potasio: 890mg

Carbohidratos Totales:
51.2g
Fibra Dietética: 4.6g
Azúcar: 40.9g
Proteínas: 45.9g

22. Batido de Piña

Tiempo de preparación: 5 minutos
Porciones: 6

1. Ingredientes:

300g de piña
200ml de leche de almendras
30g de frambuesas
30g de avena
1 lima (jugo)
40g de whey protein

2. Preparación:

Mezcle todos los ingredientes en una licuadora hasta que la mezcla esté suave.

3. Información Nutricional (cantidad por 100g/ composición completa):

Contiene Vitamina A, C, hierro, calcio.

Calorías: 153

Sodio: 18mg

Calorías provenientes de la Grasa: 80

Potasio: 218mg

Grasas Totales: 8.9g

Carbohidratos Totales: 14.4g

Grasas Saturadas: 7.4g

Fibra Dietética: 2.6g
Azúcar: 6.7g
Proteínas: 6.6g

Colesterol: 14mg

Calorías: 920

    Calorías provenientes de la Grasa: 481

Grasas Totales: 53.4g

    Grasas Saturadas: 44.5g

Colesterol: 83mg

Sodio: 109mg

Potasio: 1309mg

Carbohidratos Totales: 86.3g
    Fibra Dietética: 15.5g
    Azúcar: 40.3g
Proteínas: 39.6g

23. Batido de Naranja

Tiempo de preparación: 5 minutos
Porciones: 8

1. Ingredientes:

5 naranjas
10 huevos
2 cucharadas de miel

2. Preparación:

Mezcle todos los ingredientes en una licuadora hasta que la mezcla esté suave.

3. Información Nutricional (cantidad por 100g/ composición completa):

Contiene Vitamina A, C, hierro, calcio.
Calorías: 85

Potasio: 163mg

Calorías provenientes de la Grasa: 29

Carbohidratos Totales: 10.4g
Fibra Dietética: 1.6g
Azúcar: 8.8g

Grasas Totales: 3.2g

Proteínas: 4.6g
Calorías: 1189

Grasas Saturadas: 1g

Colesterol: 117mg

Calorías provenientes de la Grasa: 404

Sodio: 44mg

Grasas Totales: 44.8g

   Grasas Saturadas: 13.8g

Colesterol: 1637mg

Sodio: 618mg

Potasio: 2277mg

Carbohidratos Totales: 146g
Fibra Dietética: 22.2g
Azúcar: 123.9g
Proteínas: 64.1g

24. Batido de Piña Colada

Tiempo de preparación: 5 minutos
Porciones: 8

1. Ingredientes:

200g de piña
200g de leche de coco
50g de avena
300ml de leche
4 huevos

2. Preparación:

Mezcle todos los ingredientes en una licuadora hasta que la mezcla esté suave.

3. Información Nutricional (cantidad por 100g/ composición completa):

Contiene Vitamina A, C, hierro, calcio.

Calorías: 128

Calorías provenientes de la Grasa: 75

Grasas Totales: 8.3g

Grasas Saturadas: 5.8g

Colesterol: 76mg

Sodio: 48mg

Potasio: 149mg

Carbohidratos Totales: 9.8g

Fibra Dietética: 1.1g

Azúcar: 4.7g

Proteínas: 4.9g

Calorías: 1155

Calorías provenientes de la Grasa: 675

Grasas Totales: 75g

    Grasas Saturadas: 52.1g

Colesterol: 680mg

Sodio: 428mg

Potasio: 1339mg

Carbohidratos Totales: 87.8g
    Fibra Dietética: 12.2g
    Azúcar: 42.2g

Proteínas: 44.5g

25. Batido de Manzana

Tiempo de preparación: 5 minutos
Porciones: 3

1. Ingredientes:

350g de manzana
1 cucharadita de canela
200ml de leche de almendras
2 cucharaditas de extracto de vainilla
40g de whey protein

2. Preparación:

Mezcle todos los ingredientes en una licuadora hasta que la mezcla esté suave.

3. Información Nutricional (cantidad por 100g/ composición completa):

Contiene Vitamina C, hierro, calcio.

Calorías: 139

Calorías provenientes de la Grasa: 77

Grasas Totales: 8.6g

Grasas Saturadas: 7.4g

Colesterol: 14mg

Sodio: 18mg

Potasio: 193mg

Carbohidratos Totales: 11.2g

Fibra Dietética: 2.3g

Azúcar: 7.6g

Proteínas: 5.7g

Calorías: 833

Calorías provenientes de la Grasa: 463

Grasas Totales: 51.4g

  Grasas Saturadas: 44.1g

Colesterol: 83mg

Sodio: 106mg

Potasio: 1157mg

Carbohidratos Totales: 67.3g
Fibra Dietética: 14.2g
Azúcar: 45.5g

Proteínas: 34.3g

26. Batido de Huevo

Tiempo de preparación: 5 minutos
Porciones: 8

1. Ingredientes:

10 huevos
300ml de leche
100g de Yogur Griego
2 cucharadas de miel (30g)
50g de avena

2. Preparación:

Mezcle todos los ingredientes en una licuadora hasta que la mezcla esté suave.

3. Información Nutricional (cantidad por 100g/ composición completa):

Contiene Vitamina A, hierro, calcio.

Calorías: 131

Calorías provenientes de la Grasa: 55

Grasas Totales: 6.1g

Grasas Saturadas: 2.2g

Colesterol: 185mg

Sodio: 89mg

Potasio: 123mg

Carbohidratos Totales: 10.1g
Fibra Dietética: 0.6g
Azúcar: 6.3g
Proteínas: 9.1g
Calorías: 1176

Calorías provenientes de la Grasa: 498

Grasas Totales: 55.3g

Grasas Saturadas: 19.5g

Colesterol: 1667mg

Sodio: 799mg

Potasio: 1111mg

Carbohidratos Totales: 91.1g
Fibra Dietética: 5.1g
Azúcar: 56.3g
Proteínas: 82.2g

27. Batido de Calabaza

Tiempo de preparación: 5 minutos
Porciones: 6

1. Ingredientes:

300g de calabaza
300g de frambuesas
50g de crema agria
200ml de leche de almendras
40g de whey protein

2. Preparación:

Mezcle todos los ingredientes en una licuadora hasta que la mezcla esté suave.

3. Información Nutricional (cantidad por 100g/ composición completa):

Contiene Vitamina A, C, hierro, calcio.
Calorías: 123

Sodio: 18mg

Calorías provenientes de la Grasa: 72

Potasio: 238mg

Carbohidratos Totales: 9.8g

Grasas Totales: 8g

Fibra Dietética: 4.1g

Grasas Saturadas: 6.4g

Azúcar: 3.9g

Proteínas: 5.2g

Colesterol: 13mg

Calorías: 986

Calorías provenientes de la Grasa: 576

Grasas Totales: 64g

   Grasas Saturadas: 51.1g

Colesterol: 105mg

Sodio: 146mg

Potasio: 1903mg

Carbohidratos Totales: 78.2g
   Fibra Dietética: 32.7g
   Azúcar: 31.2g

Proteínas: 41.7g

28. Batido de Remolacha

Tiempo de preparación: 5 minutos
Porciones: 6

1. Ingredientes:

300g de remolachas
50g de perejil
80g de arándanos
200ml de leche
60g de whey protein

2. Preparación:

Mezcle todos los ingredientes en una licuadora hasta que la mezcla esté suave.

3. Información Nutricional (cantidad por 100g/ composición completa):

Contiene Vitamina A, C, hierro, calcio.

Calorías: 89

Calorías provenientes de la Grasa: 14

Grasas Totales: 1.5g

Grasas Saturadas: 0.7g

Colesterol: 24mg

Sodio: 77mg

Potasio: 285mg

Carbohidratos Totales: 10.3g

Fibra Dietética: 1.6g

Azúcar: 7.2g

Proteínas: 9.5g

Calorías: 531

Calorías provenientes de la Grasa: 81

Grasas Totales: 9g

Grasas Saturadas: 4.5g

Colesterol: 142mg

Sodio: 464mg

Potasio: 1711mg

Carbohidratos Totales: 61.9g
Fibra Dietética: 9.6g
Azúcar: 43.3g
Proteínas: 56.8g

29. Batido de Coco

Tiempo de preparación: 5 minutos
Porciones: 5

1. Ingredientes:

100ml de leche de coco
200ml de leche
100g de Yogur Griego
50g de whey protein
1 cucharadita de extracto de coco
30g hojuelas de coco

2. Preparación:

Mezcle todos los ingredientes en una licuadora hasta que la mezcla esté suave.

3. Información Nutricional (cantidad por 100g/ composición completa):

Contiene Vitamina A, C, hierro, calcio.

Calorías: 145

Calorías provenientes de la Grasa: 78

Grasas Totales: 8.7g

Grasas Saturadas: 7.2g

Colesterol: 25mg

Sodio: 48mg

Potasio: 184mg

Carbohidratos Totales: 6.2g

Fibra Dietética: 1g

Azúcar: 4.1g

Proteínas: 11.1g

Calorías: 723

    Calorías provenientes de la Grasa: 391

Grasas Totales: 43.4g

    Grasas Saturadas: 35.9g

Colesterol: 126mg

Sodio: 241mg

Potasio: 922mg

Carbohidratos Totales: 30.8g
    Fibra Dietética: 4.9g
    Azúcar: 20.6g

Proteínas: 55.8g

30. Batido de Mango

Tiempo de preparación: 5 minutos
Porciones: 8

1. Ingredientes:

3 mangos
1 banana
50g de fresas
300ml de leche
1 jugo de lima
6 huevos

2. Preparación:

Mezcle todos los ingredientes en una licuadora hasta que la mezcla esté suave.

3. Información Nutricional (cantidad por 100g/ composición completa):

Contiene Vitamina A, C, hierro, calcio.
Calorías: 87
Sodio: 52mg

Calorías provenientes de la Grasa: 31
Potasio: 155mg

Carbohidratos Totales: 10.3g

Grasas Totales: 3.4g

Fibra Dietética: 1g

Grasas Saturadas: 1.2g
Azúcar: 7.8g

Proteínas: 4.7g

Colesterol: 101mg

Calorías: 874

Calorías provenientes de la Grasa: 306

Grasas Totales: 34g

Grasas Saturadas: 12.3g

Colesterol: 1007mg

Sodio: 524mg

Potasio: 1549mg

Carbohidratos Totales: 103g
Fibra Dietética: 9.7g
Azúcar: 78.5g
Proteínas: 46.7g

31. Batido de Sandía

Tiempo de preparación: 5 minutos
Porciones: 6

1. Ingredientes:

300g de sandía
200g de melón
200ml de agua
1 cucharadita de extracto de vainilla
50g de crema agria
50g de whey protein

2. Preparación:

Mezcle todos los ingredientes en una licuadora hasta que la mezcla esté suave.

3. Información Nutricional (cantidad por 100g/composición completa):

Contiene Vitamina A, C, hierro, calcio.
Calorías: 59

Sodio: 20mg

Calorías provenientes de la Grasa: 16

Potasio: 154mg

Grasas Totales: 1.8g

Carbohidratos Totales: 5.9g

Grasas Saturadas: 1g

Fibra Dietética: 0g
Azúcar: 4.5g
Proteínas: 5.1g

Colesterol: 16mg

Calorías: 471

Calorías provenientes de la Grasa: 128

Grasas Totales: 14.2g

Grasas Saturadas: 8.3g

Colesterol: 126mg

Sodio: 158mg

Potasio: 1230mg

Carbohidratos Totales: 47.5g

Fibra Dietética: 3g

Azúcar: 36.2g

Proteínas: 40.7g

32. Batido de Yogur Griego

Tiempo de preparación: 5 minutos
Porciones: 6

1. Ingredientes:

300g de Yogur Griego
100g de leche de coco
2 cucharadas de miel (30g)
40g de pasas
200ml de leche de almendras

2. Preparación:

Mezcle todos los ingredientes en una licuadora hasta que la mezcla esté suave.

3. Información Nutricional (cantidad por 100g/ composición completa):

Contiene Vitamina A, C, hierro, calcio.

Calorías: 167

Calorías provenientes de la Grasa: 101

Grasas Totales: 11.2g

Grasas Saturadas: 9.8g

Colesterol: 2mg

Sodio: 21mg

Potasio: 220mg

Carbohidratos Totales: 13.6g
Fibra Dietética: 1.2g
Azúcar: 11.5g
Proteínas: 5.5g
Calorías: 1169

Calorías provenientes de la Grasa: 706

Grasas Totales: 78.4g

Grasas Saturadas: 68.5g

Colesterol: 15mg

Sodio: 149mg

Potasio: 1541mg

Carbohidratos Totales: 95.1g
Fibra Dietética: 8.2g
Azúcar: 80.3g
Proteínas: 38.3g

33. Batido de Café y Banana

Tiempo de preparación: 5 minutos
Porciones: 6

1. Ingredientes:

25g de café en polvo
2 bananas
150ml de leche de almendras
20g de mantequilla de maní
100ml de agua
5 huevos

2. Preparación:

Mezcle todos los ingredientes en una licuadora hasta que la mezcla esté suave.

3. Información Nutricional (cantidad por 100g/ composición completa):

Contiene Vitamina A, C, hierro, calcio.

Calorías: 142

Sodio: 61mg

Calorías provenientes de la Grasa: 89

Potasio: 240mg

Grasas Totales: 9.9g

Carbohidratos Totales: 9.7g

Grasas Saturadas: 5.9g

Fibra Dietética: 1.5g
Azúcar: 5.4g
Proteínas: 5.5g

Colesterol: 117mg

Calorías: 992

Calorías provenientes de la Grasa: 621

Grasas Totales: 69g

Grasas Saturadas: 41.4g

Colesterol: 818mg

Sodio: 429mg

Potasio: 1683mg

Carbohidratos Totales: 68g
Fibra Dietética: 10.7g
Azúcar: 37.5g
Proteínas: 38.8g

34. Batido de Espinaca

Tiempo de preparación: 5 minutos
Porciones: 7

1. Ingredientes:

200g de espinaca
50g de perejil
70g de frambuesas
200ml de leche
100ml de agua
50g de crema agria
50g de whey protein

2. Preparación:

Mezcle todos los ingredientes en una licuadora hasta que la mezcla esté suave.

3. Información Nutricional (cantidad por 100g/ composición completa):

Contiene Vitamina A, C, hierro, calcio.

Calorías: 72	Colesterol: 20mg
Calorías provenientes de la Grasa: 25	Sodio: 58mg
	Potasio: 282mg
Grasas Totales: 2.8g	Carbohidratos Totales: 5.3g
Grasas Saturadas: 1.5g	

Fibra Dietética: 1.5g
Azúcar: 2.2g
Proteínas: 7.4g
Calorías: 504

Calorías provenientes de la Grasa: 174

Grasas Totales: 19.3g

Grasas Saturadas: 10.8g

Colesterol: 143mg

Sodio: 403mg

Potasio: 1973mg

Carbohidratos Totales: 37g
Fibra Dietética: 10.6g
Azúcar: 15.2g
Proteínas: 52.1g

35. Batido de Chía

Tiempo de preparación: 5 minutos
Porciones: 5

1. Ingredientes:

100g de semillas de chía
200ml de leche de almendras
50 de crema agria
50g de perejil
100ml de agua
40g de whey protein

2. Preparación:

Mezcle todos los ingredientes en una licuadora hasta que la mezcla esté suave.

3. Información Nutricional (cantidad por 100g/ composición completa):

Contiene Vitamina A, C, hierro, calcio.
Calorías: 174

Sodio: 30mg

Calorías provenientes de la Grasa: 123

Potasio: 260mg

Carbohidratos Totales: 6.2g

Grasas Totales: 13.7g

Fibra Dietética: 3.3g

Grasas Saturadas: 10g

Azúcar: 1.7g

Proteínas: 8.4g

Colesterol: 20mg

Calorías: 872

Calorías provenientes de la Grasa: 615

Grasas Totales: 68.3g

Grasas Saturadas: 50.1g

Colesterol: 99mg

Sodio: 152mg

Potasio: 1300mg

Carbohidratos Totales: 31.2g
Fibra Dietética: 16.5g
Azúcar: 8.5g
Proteínas: 42.1g

36. Batido de Papaya

Tiempo de preparación: 5 minutos
Porciones: 6

1. Ingredientes:

3 papayas
50g de avena
300ml de leche
1 cucharadita de extracto de vainilla
50g de whey protein

2. Preparación:

Mezcle todos los ingredientes en una licuadora hasta que la mezcla esté suave.

3. Información Nutricional (cantidad por 100g/ composición completa):

Contiene Vitamina A, C, hierro, calcio.

Calorías: 95

   Calorías provenientes de la Grasa: 14

Grasas Totales: 1.6g

   Grasas Saturadas: 0.7g

Colesterol: 16mg

Sodio: 34mg

Potasio: 81mg

Carbohidratos Totales: 14.1g
Fibra Dietética: 1.4g
Azúcar: 5.4g
Proteínas: 6.5g
Calorías: 760

Calorías provenientes de la Grasa: 113

Grasas Totales: 12.6g

   Grasas Saturadas: 5.9g

Colesterol: 130mg

Sodio: 268mg

Potasio: 648mg

Carbohidratos Totales: 113g
   Fibra Dietética: 11.1g
   Azúcar: 43.5g
Proteínas: 52.4g

37. Batido de Vainilla y Aguacate

Tiempo de preparación: 5 minutos
Porciones: 8

1. Ingredientes:

3 aguacates
20g de azúcar de vainilla
150ml de leche
200ml de agua
1 cucharadita de extracto de vainilla
40g de whey protein (vainilla)

2. Preparación:

Mezcle todos los ingredientes en una licuadora hasta que la mezcla esté suave.

3. Información Nutricional (cantidad por 100g/ composición completa):

Contiene Vitamina A, C, hierro, calcio.

Calorías: 155

Calorías provenientes de la Grasa: 111

Grasas Totales: 12.3g

Grasas Saturadas: 2.8g

Colesterol: 10mg

Sodio: 19mg

Potasio: 325mg

Carbohidratos Totales: 8.5g
Fibra Dietética: 4g
Azúcar: 3.2g
Proteínas: 4.5g

Calorías: 1549

    Calorías provenientes de la Grasa: 1108

Grasas Totales: 123.1g

    Grasas Saturadas: 27.8g

Colesterol: 96mg

Sodio: 187mg

Potasio: 3248mg

Carbohidratos Totales: 84.8g
    Fibra Dietética: 40.4g
    Azúcar: 31.7g

Proteínas: 45.1g

38. Batido de Cereza y Almendras

Tiempo de preparación: 5 minutos
Porciones: 8

1. Ingredientes:

300g de cerezas
100g de leche de almendras
6 huevos
30g de almendras (picadas)
75g de crema agria
200g de leche
1 cucharada de extracto de vainilla

2. Preparación:

Mezcle todos los ingredientes en una licuadora hasta que la mezcla esté suave.

3. Información Nutricional (cantidad por 100g/ composición completa):

Contiene Vitamina A, C, hierro, calcio.

Calorías: 158

Colesterol: 115mg

Calorías provenientes de la Grasa: 85

Sodio: 64mg

Potasio: 155mg

Grasas Totales: 9.5g

Grasas Saturadas: 4.8g

Carbohidratos Totales: 12.5g

Fibra Dietética: 0.9g

Azúcar: 1.9g

Proteínas: 5.8g

Calorías: 1424

Calorías provenientes de la Grasa: 766

Grasas Totales: 85.1g

Grasas Saturadas: 42.8g

Colesterol: 1031mg

Sodio: 574mg

Potasio: 1394mg

Carbohidratos Totales: 113g

Fibra Dietética: 7.8g

Azúcar: 17.4g

Proteínas: 51.9g

39. Batido de Zanahorias

Tiempo de preparación: 5 minutos
Porciones: 8

1. Ingredientes:

300g de zanahorias
200g de fresas
30g de perejil
200ml de leche
50g de leche de coco
30g de avena
5 huevos

2. Preparación:

Mezcle todos los ingredientes en una licuadora hasta que la mezcla esté suave.

3. Información Nutricional (cantidad por 100g/ composición completa):

Contiene Vitamina A, C, hierro, calcio.

Calorías: 84

Calorías provenientes de la Grasa: 37

Grasas Totales: 4.1g

Grasas Saturadas: 2g

Colesterol: 84mg

Sodio: 64mg

Potasio: 208mg

Carbohidratos Totales: 8.2g

Fibra Dietética: 1.7g
Azúcar: 3.8g
Proteínas: 4.4g
Calorías: 844

Calorías provenientes de la Grasa: 367

Grasas Totales: 40.8g

Grasas Saturadas: 20.3g

Colesterol: 835mg

Sodio: 640mg

Potasio: 2085mg

Carbohidratos Totales: 81.7g
Fibra Dietética: 16.5g
Azúcar: 37.8g
Proteínas: 44.2g

40. Batido de Uvas

Tiempo de preparación: 5 minutos
Porciones: 8

1. Ingredientes:

400g de uvas
50g de arándanos
200ml de leche
100g de Yogur Griego
1 cucharada de extracto de vainilla
50g de whey protein

2. Preparación:

Mezcle todos los ingredientes en una licuadora hasta que la mezcla esté suave.

3. Información Nutricional (cantidad por 100g/ composición completa):

Contiene Vitamina A, C, hierro, calcio.

Calorías: 88

Sodio: 29mg

Calorías provenientes de la Grasa: 12

Potasio: 171mg

Grasas Totales: 1.4g

Carbohidratos Totales: 12.2g

Grasas Saturadas: 0.8g

Fibra Dietética: 0.6g
Azúcar: 10.8g
Proteínas: 6.9g

Colesterol: 16mg

Calorías: 706

    Calorías provenientes de la Grasa: 97

Grasas Totales: 10.8g

    Grasas Saturadas: 6g

Colesterol: 126mg

Sodio: 229mg

Potasio: 1364mg

Carbohidratos Totales: 97.6g
    Fibra Dietética: 4.8g
    Azúcar: 86.4g

Proteínas: 55.4g

41. Batido de Castañas de Cajú y Cacao

Tiempo de preparación: 5 minutos
Porciones: 4

1. Ingredientes:

50g de castañas de cajú (picadas)
2 cucharadas de cacao en polvo (30g)
100ml de leche de almendras
200ml de agua
50g de whey protein (chocolate)

2. Preparación:

Mezcle todos los ingredientes en una licuadora hasta que la mezcla esté suave.

3. Información Nutricional (cantidad por 100g/ composición completa):

Contiene Vitamina C, hierro, calcio.
Calorías: 197

Calorías provenientes de la Grasa: 127

Grasas Totales: 14.1g

Grasas Saturadas: 7.8g

Colesterol: 26mg

Sodio: 30mg

Potasio: 209mg

Carbohidratos Totales: 10.7g
Fibra Dietética: 3.2g
Azúcar: 1.9g
Proteínas: 12.9g
Calorías: 789

Calorías provenientes de la Grasa: 507

Grasas Totales: 56.3g

Grasas Saturadas: 31.3g

Colesterol: 104mg

Sodio: 119mg

Potasio: 834mg

Carbohidratos Totales: 42.9g
Fibra Dietética: 12.7g
Azúcar: 7.4g

Proteínas: 51.7g

42. Batido de Col

Tiempo de preparación: 5 minutos
Porciones: 6

1. Ingredientes:

300g de col
50g de perejil
1 lima (jugo)
20g de jengibre
300ml de agua
50ml de leche
50g de whey protein

2. Preparación:

Mezcle todos los ingredientes en una licuadora hasta que la mezcla esté suave.

3. Información Nutricional (cantidad por 100g/ composición completa):

Contiene Vitamina A, C, hierro, calcio.

Calorías: 59

Calorías provenientes de la Grasa: 6

Grasas Totales: 0.7g

Grasas Saturadas: 0g

Colesterol: 14mg

Sodio: 36mg

Potasio: 300mg

Carbohidratos Totales: 8g
Fibra Dietética: 1.3g

Azúcar: 0.8g
Proteínas: 6.3g
Calorías: 475

Calorías provenientes de la Grasa: 52

Grasas Totales: 5.8g

Grasas Saturadas: 2.6g

Colesterol: 108mg

Sodio: 288mg

Potasio: 2402mg

Carbohidratos Totales: 64.2g
Fibra Dietética: 10.5g
Azúcar: 6g
Proteínas: 50.1g

43. Batido de lechuga

Tiempo de preparación: 5 minutos
Porciones: 8

1. Ingredientes:

300g de lechuga
50g de espinacas
30g de perejil
100ml de leche de almendras
30g de avena
5 huevos
300ml de leche

2. Preparación:

Mezcle todos los ingredientes en una licuadora hasta que la mezcla esté suave.

3. Información Nutricional (cantidad por 100g/ composición completa):

Contiene Vitamina A, C, hierro, calcio.

Calorías: 88

Calorías provenientes de la Grasa: 50

Grasas Totales: 5.5g

Grasas Saturadas: 3.2g

Colesterol: 84mg

Sodio: 54mg

Potasio: 172mg

Carbohidratos Totales: 5.6g

Fibra Dietética: 0.9g

Azúcar: 2.3g

Proteínas: 4.8g

Calorías: 880

Calorías provenientes de la Grasa: 498

Grasas Totales: 55.3g

Grasas Saturadas: 32.5g

Colesterol: 844mg

Sodio: 544mg

Potasio: 1716mg

Carbohidratos Totales: 55.6g

Fibra Dietética: 9.3g

Azúcar: 22.8g

Proteínas: 47.8g

44. Batido de Col y Jengibre

Tiempo de preparación: 5 minutos
Porciones: 6

1. Ingredientes:

200g de col
20g de jengibre
4 huevos
50g de leche de coco
100g de Yogur Griego
200g de leche de almendras
1-2 cucharadas de miel (15-30g)
20g de semillas de chia

2. Preparación:

Mezcle todos los ingredientes en una licuadora hasta que la mezcla esté suave.

3. Información Nutricional (cantidad por 100g/ composición completa):

Contiene Vitamina A, C, hierro, calcio.

Calorías: 146

Calorías provenientes de la Grasa: 93

Grasas Totales: 10.3g

Grasas Saturadas: 7.6g

Colesterol: 82mg

Sodio: 51mg

Potasio: 292mg

Carbohidratos Totales: 9.2g
Fibra Dietética: 1.6g
Azúcar: 4g
Proteínas: 5.9g
Calorías: 1165

Calorías provenientes de la Grasa: 740

Grasas Totales: 82.2g

Grasas Saturadas: 60.4g

Colesterol: 660mg

Sodio: 410mg

Potasio: 2338mg

Carbohidratos Totales: 73.7g
Fibra Dietética: 13.1g
Azúcar: 31.6g
Proteínas: 47g

45. Batido de Pepino

Tiempo de preparación: 5 minutos
Porciones: 6

1. Ingredientes:

300g de pepino
50g de perejil
80g de queso cottage
1 cucharadita de extracto de lima (5g)
300ml de agua
40g de whey protein

2. Preparación:

Mezcle todos los ingredientes en una licuadora hasta que la mezcla esté suave.

3. Información Nutricional (cantidad por 100g/ composición completa):

Contiene Vitamina A, C, hierro, calcio.

Calorías: 39

Calorías provenientes de la Grasa: 5

Grasas Totales: 0.6g

Grasas Saturadas: 0g

Colesterol: 11mg

Sodio: 55mg

Potasio: 137mg

Carbohidratos Totales: 3.6g

Fibra Dietética: 0.6g

Azúcar: 1g

Proteínas: 5.4g

Calorías: 310

Calorías provenientes de la Grasa: 43

Grasas Totales: 4.8g

Grasas Saturadas: 2.4g

Colesterol: 90mg

Sodio: 441mg

Potasio: 1092mg

Carbohidratos Totales: 28.8g
Fibra Dietética: 5g
Azúcar: 8g

Proteínas: 43.5g

46. Batido de Té de Matcha

Tiempo de preparación: 5 minutos
Porciones: 6

1. Ingredientes:

20g de té de Matcha (Té verde)
1 lima (jugo)
100g de Yogur Griego
5 huevos
50g de perejil
50ml de leche de coco
200ml de leche

2. Preparación:

Mezcle todos los ingredientes en una licuadora hasta que la mezcla esté suave.

3. Información Nutricional (cantidad por 100g/ composición completa):

Contiene Vitamina A, C, hierro, calcio.

Calorías: 94	Colesterol: 120mg
Calorías provenientes de la Grasa: 52	Sodio: 68mg
	Potasio: 148mg
Grasas Totales: 5.8g	Carbohidratos Totales: 4.6g
Grasas Saturadas: 3.1g	

Fibra Dietética: 0.7g
Azúcar: 3g
Proteínas: 6.8g
Calorías: 661

Calorías provenientes de la Grasa: 367

Grasas Totales: 40.8g

Grasas Saturadas: 21.7g

Colesterol: 840mg

Sodio: 477mg

Potasio: 1033mg

Carbohidratos Totales: 32.1g
Fibra Dietética: 4.7g
Azúcar: 21.3g
Proteínas: 47.6g

47. Batido de Brócoli

Tiempo de preparación: 5 minutos
Porciones: 6

1. Ingredientes:

200g de brócoli
50g de perejil
30g de espinaca
30g de queso cottage
300ml de leche
100ml de agua
4 huevos

2. Preparación:

Mezcle todos los ingredientes en una licuadora hasta que la mezcla esté suave.

3. Información Nutricional (cantidad por 100g/ composición completa):

Contiene Vitamina A, C, hierro, calcio.

Calorías: 59

Colesterol: 76mg

Calorías provenientes de la Grasa: 25

Sodio: 71mg

Potasio: 169mg

Grasas Totales: 2.8g

Carbohidratos Totales: 3.9g

Grasas Saturadas: 1.1g

Fibra Dietética: 0.8g
Azúcar: 2.1g
Proteínas: 4.9g
Calorías: 526

Calorías provenientes de la Grasa: 230

Grasas Totales: 25.6g

Grasas Saturadas: 9.7g

Colesterol: 682mg

Sodio: 635mg

Potasio: 1521mg

Carbohidratos Totales: 35.2g
Fibra Dietética: 7.5g
Azúcar: 19.4g
Proteínas: 44.4g

48. Batido de Col y Banana

Tiempo de preparación: 5 minutos
Porciones: 6

1. Ingredientes:

150ml de leche de coco
70g de col
30g de espinaca
1 banana
40g de whey protein
200ml de agua
Endulzante a gusto (miel/azúcar morena)

2. Preparación:

Mezcle todos los ingredientes en una licuadora hasta que la mezcla esté suave.

3. Información Nutricional (cantidad por 100g/ composición completa):

Contiene Vitamina A, C, hierro, calcio.

Calorías: 109	Colesterol: 14mg
Calorías provenientes de la Grasa: 59	Sodio: 26mg
	Potasio: 260mg
Grasas Totales: 6.5g	Carbohidratos Totales: 8.1g
Grasas Saturadas: 5.6g	

Fibra Dietética: 1.4g
Azúcar: 3.5g
Proteínas: 6g
Calorías: 651

Calorías provenientes de la Grasa: 352

Grasas Totales: 39.2g

Grasas Saturadas: 33.5g

Colesterol: 83mg

Sodio: 155mg

Potasio: 1562mg

Carbohidratos Totales: 48.5g
Fibra Dietética: 8.1g
Azúcar: 20.8g
Proteínas: 36.3g

49. Batido de Mango y Melocotón

Tiempo de preparación: 5 minutos
Porciones: 8

1. Ingredientes:

2 mangos
4-6 melocotones
300ml de leche
50g de Yogur Griego
40g de whey protein

2. Preparación:

Mezcle todos los ingredientes en una licuadora hasta que la mezcla esté suave.

3. Información Nutricional (cantidad por 100g/composición completa):

Contiene Vitamina A, C, hierro, calcio.

Calorías: 64	Sodio: 24mg
Calorías provenientes de la Grasa: 10	Potasio: 153mg
Grasas Totales: 1.1g	Carbohidratos Totales: 9.3g
Grasas Saturadas: 0.6g	Fibra Dietética: 0.9g
	Azúcar: 8g
Colesterol: 11mg	Proteínas: 4.8g
	Calorías: 640

Calorías provenientes de la Grasa: 101

Grasas Totales: 11.2g

  Grasas Saturadas: 5.9g

Colesterol: 111mg

Sodio: 238mg

Potasio: 1531mg

Carbohidratos Totales: 93.4g
Fibra Dietética: 9.5g
Azúcar: 80g
Proteínas: 48.3g

50. Batido Verde

Tiempo de preparación: 5 minutos
Porciones: 6

1. Ingredientes:

100g de perejil
200g de col
100g de frambuesas
1 cucharadita de extracto de lima (5g)
200ml de agua
30ml de leche
60g de whey protein

2. Preparación:

Mezcle todos los ingredientes en una licuadora hasta que la mezcla esté suave.

3. Información Nutricional (cantidad por 100g/ composición completa):

Contiene Vitamina A, C, hierro, calcio.

Calorías: 62

Calorías provenientes de la Grasa: 7

Grasas Totales: 0.8g

Grasas Saturadas: 0g

Colesterol: 18mg

Sodio: 39mg

Potasio: 292mg

Carbohidratos Totales: 6.8g

Fibra Dietética: 1.8g
Azúcar: 1.2g
Proteínas: 7.7g
Calorías: 435

Calorías provenientes de la Grasa: 51

Grasas Totales: 5.6g

Grasas Saturadas: 2.3g

Colesterol: 128mg

Sodio: 271mg

Potasio: 2046mg

Carbohidratos Totales: 47.9g
Fibra Dietética: 12.8g
Azúcar: 8.4g
Proteínas: 54g

51. Batido de Guayaba

Tiempo de preparación: 5 minutos
Porciones: 6

1. Ingredientes:

2 guayabas
6 huevos
200ml de leche
20ml de leche de coco
20ml de leche de almendras
1 cucharadita de extracto de vainilla (5g)
Endulzante al gusto (miel/azúcar morena)

2. Preparación:

Mezcle todos los ingredientes en una licuadora hasta que la mezcla esté suave.

3. Información Nutricional (cantidad por 100g/ composición completa):

Contiene Vitamina A, C, hierro, calcio.

Calorías: 101

Colesterol: 143mg

Calorías provenientes de la Grasa: 54

Sodio: 68mg

Potasio: 191mg

Grasas Totales: 6g

Carbohidratos Totales: 5.8g

Grasas Saturadas: 2.8g

Fibra Dietética: 1.5g
Azúcar: 4.2g
Proteínas: 6.5g
Calorías: 709

Calorías provenientes de la Grasa: 377

Grasas Totales: 41.9g

Grasas Saturadas: 19.8g

Colesterol: 999mg

Sodio: 477mg

Potasio: 1336mg

Carbohidratos Totales: 40.7g
Fibra Dietética: 10.6g
Azúcar: 29.3g
Proteínas: 45.5g

52. Batido de Mora

Tiempo de preparación: 5 minutos
Porciones: 6

1. Ingredientes:

300g de moras
200g de espinaca
50g de queso cottage
300g de leche
3 huevos
30g de avena

2. Preparación:

Mezcle todos los ingredientes en una licuadora hasta que la mezcla esté suave.

3. Información Nutricional (cantidad por 100g/ composición completa):

Contiene Vitamina A, C, hierro, calcio.

Calorías: 67

Calorías provenientes de la Grasa: 22

Grasas Totales: 2.4g

Grasas Saturadas: 0.9g

Colesterol: 52mg

Sodio: 72mg

Potasio: 220mg

Carbohidratos Totales: 7.5g

Fibra Dietética: 1.2g

Azúcar: 4g

Proteínas: 4.7g

Calorías: 672

    Calorías provenientes de la Grasa: 217

Grasas Totales: 24.1g

    Grasas Saturadas: 8.9g

Colesterol: 520mg

Sodio: 719mg

Potasio: 2204mg

Carbohidratos Totales: 74.6g
    Fibra Dietética: 12.5g
    Azúcar: 40.1g

Proteínas: 47.3g

53. Batido de Toronja

Tiempo de preparación: 5 minutos
Porciones: 6

1. Ingredientes:

2 toronjas
200g de Yogur Griego
200ml de agua
30g de endulzante (miel/azúcar morena)
50g de whey protein

2. Preparación:

Mezcle todos los ingredientes en una licuadora hasta que la mezcla esté suave.

3. Información Nutricional (cantidad por 100g/ composición completa):

Contiene Vitamina A, C, hierro, calcio.

Calorías: 61

Calorías provenientes de la Grasa: 9

Grasas Totales: 1g

Grasas Saturadas: 0.7g

Colesterol: 16mg

Sodio: 23mg

Potasio: 132mg

Carbohidratos Totales: 10g
Fibra Dietética: 2.9g
Azúcar: 3.9g
Proteínas: 8.2g
Calorías: 425

Calorías provenientes de la Grasa: 65

Grasas Totales: 7.2g

   Grasas Saturadas: 4.5g

Colesterol: 114mg

Sodio: 160mg

Potasio: 923mg

Carbohidratos Totales: 69.9g
   Fibra Dietética: 20.5g
   Azúcar: 27.4g
Proteínas: 57.3g

54. Batido de Melón

Tiempo de preparación: 5 minutos
Porciones: 6

1. Ingredientes:

300g de melón
200g de Yogur Griego
100ml de agua
20g de endulzante (miel/azúcar morena)
50g de whey protein

2. Preparación:

Mezcle todos los ingredientes en una licuadora hasta que la mezcla esté suave.

3. Información Nutricional (cantidad por 100g/ composición completa):

Contiene Vitamina A, C, hierro, calcio.

Calorías: 64

    Calorías provenientes de la Grasa: 10

Grasas Totales: 1.1g

    Grasas Saturadas: 0.7g

Colesterol: 16mg

Sodio: 29mg

Potasio: 195mg

Carbohidratos Totales: 8.8g
Fibra Dietética: 2.1g
Azúcar: 4.7g
Proteínas: 8.3g
Calorías: 445

Calorías provenientes de la Grasa: 68

Grasas Totales: 7.6g

   Grasas Saturadas: 4.6g

Colesterol: 114mg

Sodio: 205mg

Potasio: 1367mg

Carbohidratos Totales: 62g
   Fibra Dietética: 14.5g
   Azúcar: 33.1g
Proteínas: 58.2g

55. Batido de Granada

Tiempo de preparación: 5 minutos
Porciones: 6

1. Ingredientes:

4 granadas
60g de suero en polvo
200ml de leche
1 cucharadita de extracto de vainilla
20g de crema agria

2. Preparación:

Mezcle todos los ingredientes en una licuadora hasta que la mezcla esté suave.

3. Información Nutricional (cantidad por 100g/ composición completa):

Contiene Vitamina A, C, hierro, calcio.

Calorías: 88

Calorías provenientes de la Grasa: 12

Grasas Totales: 1.3g

Grasas Saturadas: 0.8g

Colesterol: 17mg

Sodio: 24mg

Potasio: 233mg

Carbohidratos Totales: 13.6g

Fibra Dietética: 0g

Azúcar: 10.6g

Proteínas: 6g

Calorías: 790

Calorías provenientes de la Grasa: 108

Grasas Totales: 12g

    Grasas Saturadas: 6.9g

Colesterol: 151mg

Sodio: 215mg

Potasio: 2093mg

Carbohidratos Totales: 123g
Fibra Dietética: 4g
Azúcar: 95.7g
Proteínas: 54.2g

56. Batido de Kiwi

Tiempo de preparación: 5 minutos
Porciones: 6

1. Ingredientes:

100g de kiwis
8 huevos
200ml de leche
20g de endulzante (miel/azúcar morena)
100g de Yogur Griego

2. Preparación:

Mezcle todos los ingredientes en una licuadora hasta que la mezcla esté suave.

3. Información Nutricional (cantidad por 100g/ composición completa):

Contiene Vitamina A, C, hierro, calcio.

Calorías: 93

Sodio: 78mg

Calorías provenientes de la Grasa: 47

Potasio: 130mg

Grasas Totales: 5.2g

Carbohidratos Totales: 6.9g

Grasas Saturadas: 1.9g

Fibra Dietética: 1.9g
Azúcar: 3.1g

Colesterol: 166mg

Proteínas: 7.8g
Calorías: 743

Calorías provenientes de la Grasa: 376

Grasas Totales: 41.7g

Grasas Saturadas: 15g

Colesterol: 1331mg

Sodio: 626mg

Potasio: 1043mg

Carbohidratos Totales: 55g
Fibra Dietética: 14.8g
Azúcar: 25g
Proteínas: 62.2g

57. Batido de Kiwi y Fresa

Tiempo de preparación: 5 minutos
Porciones: 6

1. Ingredientes:

200g de kiwi
150g de fresas
50g de Yogur Griego
200ml de leche
60g de suero en polvo

2. Preparación:

Mezcle todos los ingredientes en una licuadora hasta que la mezcla esté suave.

3. Información Nutricional (cantidad por 100g/ composición completa):

Contiene Vitamina A, C, hierro, calcio.
Calorías: 78
Sodio: 33mg

Calorías provenientes de la Grasa: 13

Potasio: 197mg

Carbohidratos Totales: 8.6g

Grasas Totales: 1.5g

Fibra Dietética: 1.3g

Grasas Saturadas: 0.7g

Azúcar: 5.5g

Proteínas: 8.3g

Colesterol: 21mg

Calorías: 543

Calorías provenientes de la Grasa: 93

Grasas Totales: 10.3g

Grasas Saturadas: 5.1g

Colesterol: 144mg

Sodio: 228mg

Potasio: 1382mg

Carbohidratos Totales: 60.1g
Fibra Dietética: 9g
Azúcar: 38.4g
Proteínas: 57.9g

58. Batido de Melón

Tiempo de preparación: 5 minutos
Porciones: 6

1. Ingredientes:

1 melón (500g)
200g de Yogur Griego
1 cucharadita de extracto de vainilla (5g)
100ml de leche
40g de avena
6 huevos

2. Preparación:

Mezcle todos los ingredientes en una licuadora hasta que la mezcla esté suave.

3. Información Nutricional (cantidad por 100g/ composición completa):

Contiene Vitamina A, C, hierro, calcio.

Calorías: 111

Calorías provenientes de la Grasa: 45

Grasas Totales: 5g

Grasas Saturadas: 1.8g

Colesterol: 143mg

Sodio: 72mg

Potasio: 121mg

Carbohidratos Totales: 7.2g
Fibra Dietética: 0.7g
Azúcar: 3.2g
Proteínas: 9g

Calorías: 775

Calorías provenientes de la Grasa: 315

Grasas Totales: 35g

Grasas Saturadas: 12.9g

Colesterol: 1001mg

Sodio: 502mg

Potasio: 846mg

Carbohidratos Totales: 50.7g
Fibra Dietética: 5g
Azúcar: 22.6g
Proteínas: 62.9g

59. Batido de Parchita

Tiempo de preparación: 5 minutos
Porciones: 4

1. Ingredientes:

6 Parchitas o maracuyás
50g de fresas
200ml de leche de almendras
50ml de leche
1 cucharadita de extracto de vainilla (5g)
60g de whey protein

2. Preparación:

Mezcle todos los ingredientes en una licuadora hasta que la mezcla esté suave.

3. Información Nutricional (cantidad por 100g/ composición completa):

Contiene Vitamina A, C, hierro, calcio.

Calorías: 171

Sodio: 39mg

Calorías provenientes de la Grasa: 97

Potasio: 272mg

Grasas Totales: 10.8g

Carbohidratos Totales: 10.1g

Grasas Saturadas: 9.1g

Fibra Dietética: 3.3g
Azúcar: 5.2g
Proteínas: 10.4g

Colesterol: 26mg

Calorías: 857

    Calorías provenientes de la Grasa: 485

Grasas Totales: 53.9g

    Grasas Saturadas: 45.4g

Colesterol: 129mg

Sodio: 193mg

Potasio: 1361mg

Carbohidratos Totales: 50.5g
    Fibra Dietética: 16.7g
    Azúcar: 26g
Proteínas: 51.9g

60. Batido de Pasas de Corinto

Tiempo de preparación: 5 minutos
Porciones: 6

1. Ingredientes:

350g de pasas de Corinto
200ml de leche
1 cucharadita de mantequilla de maní (15g)
7 huevos
100g de Yogur Griego

2. Preparación:

Mezcle todos los ingredientes en una licuadora hasta que la mezcla esté suave.

3. Información Nutricional (cantidad por 100g/ composición completa):

Contiene Vitamina A, C, hierro, calcio.

Calorías: 85

Calorías provenientes de la Grasa: 36

Grasas Totales: 4g

Grasas Saturadas: 1.4g

Colesterol: 117mg

Sodio: 59mg

Potasio: 167mg

Carbohidratos Totales: 6.6g

Fibra Dietética: 1.5g

Azúcar: 4.2g

Proteínas: 6.2g

Calorías: 846

Calorías provenientes de la Grasa: 326

Grasas Totales: 40.2g

   Grasas Saturadas: 14.2g

Colesterol: 1168mg

Sodio: 589mg

Potasio: 1669mg

Carbohidratos Totales: 65.9g
   Fibra Dietética: 15.4g
   Azúcar: 42g
Proteínas: 61.7g

OTROS GRANDES TÍTULOS DEL AUTOR

www.ingramcontent.com/pod-product-compliance
Lightning Source LLC
Chambersburg PA
CBHW071739080526
44588CB00013B/2084